Nom de l'emprunteur	À rapporter le
O. Dubois	9 Avril
B. Dunstan	10 Mai
M. Flint	22 Juin
C. Diggory	3 Juillet
A. Johnson	19 Juillet
E. macmillan	12 Août
J. Boot	21 Août
J. Fawcett	16 Septembre
K. Bundy	10 Octobre
K. Bell	19 Octobre
C. Warrington	13 Novembre
J. Dorny	5 Décembre
T. Nott	22 Janvier
S. Capper	31 Janvier
M. Bulstrode	6 Février
F. Weasley	15 Février
H. Granger	2 Mars
H. Potter	11 Mars

Avertissement : quiconque aurait l'imprudence de déchirer, lacérer, tordre, plier, abîmer, dégrader, souiller, tacher, jeter, laisser tomber ou détériorer ce livre de quelque manière que ce soit, de le maltraiter ou de lui manifester le moindre manque de respect, devra en subir des conséquences que je m'efforcerai de rendre aussi douloureuses que possible.

Irma Pince, bibliothécaire de Poudlard

Kennilworthy Whisp

Le Quidditch
à travers les âges

Quidditch through the ages

GALLIMARD JEUNESSE
en collaboration avec
WhizzHard Books

WhizzHard
Books

129b, Chemin de Traverse, Londres

Quelques opinions sur
Le Quidditch à travers les âges

Les efforts infatigables déployés par Kennilworthy Whisp au cours de ses recherches sur le sport des sorciers ont permis de découvrir un véritable trésor de faits historiques jusqu'alors ignorés. Une lecture passionnante.

Bathilda Tourdesac, auteur de *Histoire de la magie*

Whisp nous offre un livre qu'on lit de bout en bout avec le plus grand plaisir. Les passionnés de Quidditch le trouveront aussi instructif que divertissant.

Balai-Magazine

Le meilleur livre jamais publié sur les origines et l'histoire du Quidditch. À lire sans tarder.

Brutus Scrimgeour, auteur de *La Bible du Batteur*

Mr Whisp me semble avoir un avenir très prometteur. S'il continue à faire un aussi bon travail, il se pourrait bien qu'on le voie un jour en photo à côté de moi !

Gilderoy Lockhart, auteur de *Moi le magicien*

Je vous parie ce que vous voudrez que ça deviendra un best-seller. Tu peux y aller, c'est gagné !

Ludovic Verpey, Batteur de l'équipe d'Angleterre
et des Frelons de Wimbourne

J'ai lu pire.

Rita Skeeter, *La Gazette du sorcier*

À PROPOS DE L'AUTEUR

Kennilworthy Whisp est un expert renommé en matière de Quidditch (et, dit-il, un fanatique de ce sport). Il est l'auteur de nombreux ouvrages consacrés au Quidditch, notamment *Les Merveilleux Wigtown Wanderers*, *Il volait comme un fou* (une biographie de Dai Llewellyn, surnommé « le Dangereux ») et *Battre les Cognards – une étude des stratégies de défense dans le jeu de Quidditch.*

Kennil Whisp partage son temps entre sa maison du Nottinghamshire et « le stade, quel qu'il soit, où les Wigtown Wanderers jouent leur match de la semaine ». Dans ses moments de loisirs, il se consacre au trictrac, à la cuisine végétarienne et à sa collection de balais anciens.

Le Quidditch à travers les âges est un des livres les plus empruntés à la bibliothèque de l'école Poudlard. Mme Pince, notre bibliothécaire, m'a confié que, presque chaque jour, «on le tripote, on lui bave dessus et on le malmène de toutes sortes de manières» — un grand compliment pour un livre, quel qu'il soit. Quiconque aime le Quidditch, que ce soit comme joueur ou comme spectateur, se délectera à la lecture du livre de Mr Whisp, tout comme ceux d'entre nous qui s'intéressent plus généralement à l'histoire de la sorcellerie. Le Quidditch nous a fait évoluer autant que nous avons fait évoluer le Quidditch. Le Quidditch réunit des sorcières et des sorciers de tous horizons et nous amène à partager des moments d'exaltation, de triomphe et parfois (pour les supporters des Canons de Chudley) de désespoir.

Ce n'est pas sans difficulté, je dois le reconnaître,

que j'ai réussi à convaincre Mme Pince de se séparer d'un de ses livres afin de le reproduire et de le diffuser auprès d'un public plus large. Pour dire la vérité, lorsque je lui ai annoncé que l'ouvrage serait désormais accessible aux Moldus, elle s'est révélée incapable de prononcer le moindre mot et, pendant un très long moment, nous sommes tous deux restés face à face, parfaitement immobiles, sans un battement de cils. Lorsqu'elle a enfin recouvré ses esprits, elle a eu la délicatesse de s'inquiéter de ma santé en me demandant si je me trouvais dans mon état normal. Après avoir eu le plaisir de la rassurer sur ce point, j'ai entrepris de lui exposer les raisons pour lesquelles j'avais pris cette décision sans précédent.

Les lecteurs moldus n'ont pas besoin que je leur présente le travail accompli par Comic Relief, c'est donc à l'usage des sorcières et des sorciers qui auront acheté ce livre que je répéterai l'explication donnée à Mme Pince. Comic Relief a pour ambition de combattre par le rire la pauvreté, l'injustice et les catastrophes. La distraction et l'amusement apportés à un large public se transforment ainsi en importantes sommes d'argent (174 millions de livres sterling depuis la création de Comic Relief, en 1985 – plus de trente-quatre millions de Gallions). En achetant ce livre – et je vous conseille vivement de l'acheter car, si vous le lisez trop longtemps sans donner d'argent au libraire, vous subirez le terrible sortilège du Voleur – vous apporterez vous aussi votre contribution à cette mission magique.

Je mentirais si je disais que ces arguments réussirent à convaincre Mme Pince de se séparer de gaieté de cœur d'un ouvrage de sa bibliothèque afin de le diffuser chez les Moldus. Elle me suggéra une autre alternative : annoncer par exemple aux représentants de Comic Relief que la bibliothèque avait été détruite par un incendie ou leur affirmer que j'étais soudain tombé raide mort sans laisser aucune instruction. Lorsque je lui répondis que je préférais finalement m'en tenir à mon projet initial, elle accepta à contrecœur de me remettre le livre mais, au moment où elle aurait dû le lâcher, ses nerfs la trahirent et je dus déplier un par un ses doigts crispés sur la couverture.

Bien que je me sois efforcé de neutraliser les habituels sortilèges destinés à protéger les ouvrages de la bibliothèque, je ne saurais promettre qu'il n'en reste aucune trace dans ce volume. Mme Pince est réputée pour ajouter des maléfices de son cru aux livres qui lui sont confiés. L'année dernière, j'étais moi-même en train de feuilleter distraitement un exemplaire des *Théories de la Métamorphose trans-substantielle* lorsque l'ouvrage se mit soudain à me donner de grands coups sur la tête. Aussi, prenez garde à la façon dont vous traitez ce livre. N'en déchirez pas les pages. Ne le laissez pas tomber dans le bain. Je ne puis vous assurer que Mme Pince ne fondra pas sur vous, où que vous vous trouviez, en exigeant le paiement d'une forte amende.

Il ne me reste plus qu'à vous remercier de soutenir l'action de Comic Relief et à demander instamment aux Moldus de ne pas essayer de jouer au Quidditch chez eux. Il s'agit, bien entendu, d'un sport entièrement fictif et personne n'y joue pour de bon. Qu'il me soit également permis de profiter de cette occasion pour souhaiter bonne chance au club de Flaquemare au cours de la prochaine saison.

porte au moins un balai volant que nous prenons rarement la peine de nous interroger sur la présence d'un tel objet. Mais pourquoi donc l'humble balai est-il devenu le moyen de transport légal le plus répandu dans le monde de la sorcellerie ? Pourquoi nous, Occidentaux, n'avons-nous pas adopté le tapis volant si apprécié par nos frères d'Orient ? Pourquoi n'avons-nous pas créé des tonneaux volants, des fauteuils volants, des baignoires volantes ? Pourquoi le balai ?

Conscients du fait que leurs voisins moldus chercheraient sans nul doute à exploiter leurs pouvoirs s'ils en connaissaient toute l'étendue, sorcières et sorciers s'efforçaient de rester entre eux bien avant que le Code international du secret magique ait été mis en application. S'ils devaient posséder chez eux un objet leur permettant de voler, il fallait nécessairement choisir quelque chose de discret qui soit facile à dissimuler. Le balai était idéal pour cela : il n'était pas nécessaire de justifier ou d'expliquer sa présence si des Moldus le remarquaient, il était simple à transporter et ne coûtait pas cher. Toutefois, les premiers balais qui furent ensorcelés pour les transformer en objets volants n'étaient pas sans défauts.

Divers documents établissent que les sorcières et les sorciers d'Europe utilisaient déjà des balais volants en l'an 962 de notre ère. Une enluminure d'un manuscrit allemand de l'époque représente trois sorciers descendant de leurs balais avec une expression qui trahit un intense inconfort. Guthrie Lochrin, un sorcier écossais, parle dans un écrit datant de 1107 de «fesses hérissées d'échardes ainsi que de cuisantes douleurs au fondement», à la suite d'un bref voyage sur un balai volant entre Montrose et Arbroath.

Un balai médiéval que l'on peut voir au musée du Quidditch de Londres nous permet d'avoir une idée précise des désagréments subis par Lochrin (voir figure A). Constitué d'un épais manche en bois de frêne noueux sans la moindre couche de vernis et de brindilles de noisetier grossièrement nouées à une extrémité, il est totalement dépourvu de confort et d'aérodynamisme. Les sortilèges dont il est doté sont également rudimentaires : il ne se déplace que vers l'avant, à une vitesse constante, et ne peut rien faire d'autre que monter, descendre et s'arrêter.

À cette époque, les familles de sorciers fabriquaient elles-mêmes leurs propres balais, ce qui explique les différences considérables de vitesse, de confort et de maniabilité qu'ils présentaient. Au douzième siècle, cependant, les sorciers avaient appris à pratiquer le troc, si bien qu'un fabricant de balais plus habile que les autres pouvait les échanger contre les potions qu'un voisin préparait mieux que

lui. Lorsque les balais furent devenus plus confortables, on commença à les utiliser pour le plaisir de
voler plutôt que comme un simple moyen de
transport permettant de se rendre d'un point à un
autre.

Fig. A

lités se rassemblent chaque année à Kopparberg pour encourager les concurrents, puis transplanent à Arjeplog pour féliciter ceux qui ont survécu.

Le célèbre tableau *Günther der Gewaltig ist der Gewinner* («Günther le Violent est le vainqueur»), qui date de 1105, montre l'ancien jeu allemand connu sous le nom de **Stichstock**. Au sommet d'un mât de six mètres de hauteur était fixée une vessie de dragon préalablement gonflée que l'un des joueurs, en vol sur son balai, avait pour tâche de protéger. Le gardien de vessie était lui-même attaché au mât par une corde passée autour de sa taille qui lui permettait de s'éloigner d'une distance de trois mètres maximum. Les autres joueurs volaient à tour de rôle en direction de la vessie pour essayer de la percer avec le manche de leur balai dont l'extrémité était taillée en pointe. Le gardien de vessie était autorisé à se servir de sa baguette magique pour repousser les attaques de ses adversaires. La partie finissait lorsque la vessie était percée ou que son gardien avait réussi à éliminer tous ses adversaires en leur jetant des sorts. Il arrivait également que le gardien s'effondre épuisé, donnant ainsi la victoire au camp opposé. Le Stichstock a disparu au quatorzième siècle.

En Irlande, c'était le jeu d'**Aingingein** qui était le plus apprécié, fournissant le thème de nombreuses ballades irlandaises (le légendaire sorcier Fingal l'Intrépide était, disait-on, un champion de ce sport). L'un après l'autre, les joueurs prenaient le Dom, c'est-à-dire la balle (il s'agissait en fait d'une vessie de chèvre), et fonçaient sur leurs balais à travers une suite de tonneaux enflammés, fixés à bonne hauteur sur de longs pieux. Chaque joueur devait lancer le Dom à travers le dernier tonneau. Celui qui parvenait à le faire dans le temps le plus court, et sans avoir pris feu en chemin, était déclaré vainqueur.

L'Écosse fut le berceau de ce qu'on peut sans doute considérer comme le jeu de balai le plus dangereux – le **Creaothceann**. Ce jeu est décrit dans un poème tragique écrit au onzième siècle en langue gaélique et dont la première strophe peut se traduire ainsi :

Ils sont douze assemblés, des hommes forts et fiers
Leurs chaudrons attachés, prêts à prendre les airs,
La corne a retenti, ils volent vers les cieux
Mais la Mort se prépare à frapper dix d'entre eux.

Les joueurs de Creaothceann portaient chacun un chaudron attaché sur la tête. Au son d'une corne ou d'un tambour, près d'une centaine de rocs et de pierres ensorcelés, maintenus dans les airs à une trentaine de mètres au-dessus du sol, se mettaient à tomber. Les joueurs de Creaothceann fonçaient alors sur leurs balais pour essayer d'attraper dans leurs chaudrons le plus grand nombre possible de pierres. Considéré par de nombreux sorciers écossais comme la suprême épreuve du courage et de la virilité, le Creaothceann connut une immense popularité au Moyen Âge, malgré le grand nombre de morts qu'il provoquait. Ce jeu devint illégal en 1762 et bien que Magnus MacDonald, surnommé « Tête-à-Bosses », ait mené dans les années 1960 une campagne pour son rétablissement, le ministère de la Magie a toujours refusé de lever cette interdiction.

Le **Shuntbumps**, ou Virenvol, était très populaire dans le comté du Devon, en Angleterre. Il s'agissait d'une forme de joute rudimentaire, le seul but du jeu étant de faire tomber de leurs balais le plus grand nombre possible d'adversaires. Le dernier joueur qui restait en vol était déclaré vainqueur.

Le **Sautebuisson** est né dans le comté du Herefordshire. Comme le Stichstock, il se jouait avec une vessie gonflée, généralement une vessie de porc. Les joueurs s'asseyaient sur le manche dans la position inverse de celle qu'on connaît habituellement et se renvoyaient la vessie par-dessus une haie à l'aide du faisceau de brindilles de leurs balais. Celui qui ratait la vessie donnait un point à son adversaire. Le premier joueur à atteindre cinquante points remportait la victoire.

Le Sautebuisson se joue encore en Angleterre mais n'a jamais connu la faveur d'un très large public ; le Shuntbumps, lui, ne subsiste que comme jeu d'enfant. En revanche, le sport créé initialement dans les Marais de Queerditch allait devenir le plus populaire dans le monde de la sorcellerie.

Chapitre 3

Le jeu des Marais de Queerditch

Nous devons notre connaissance de l'origine des règles du Quidditch aux écrits de Gertie Keddle, une sorcière qui vivait au onzième siècle, en bordure des Marais de Queerditch. Fort heureusement pour nous, Gertie Keddle tenait un journal aujourd'hui conservé au musée du Quidditch de Londres. Les extraits que nous reproduisons ci-dessous ont été transcrits en langue moderne à partir du texte original rédigé dans un saxon à l'orthographe défaillante.

Mardi. Chaud. Ces maudits rustres venus de l'autre côté des marais ont repris leur jeu stupide sur des balais volants. Une grosse boule de cuir est tombée dans mes choux. J'ai jeté force maléfices à l'homme qui courait la reprendre. Je voudrais lui mettre les genoux à l'envers et l'envoyer dans les nuées ce gros pourceau velu.

Mardi. Humide. M'en suis allée cueillir des orties. Ces mauvais sots s'ébattaient derechef sur leurs balais. Les ai regardés, cachée à couvert d'un roc. Ils ont une nouvelle boule qu'ils lancent les uns aux autres et se démènent tels démons en furie pour la jeter sur les arbres aux deux bouts des marais. Quelle grande niaiserie en vérité.

Mardi. Venteux. Gwenog est venue boire une tisane d'ortie puis m'a invitée à voir une chose propre à nous esbaudir. Et nous voilà bientôt devant ces ânes tout occupés à leur jeu. Ce gros sorcier écossais qui vit sur la colline était là. Ils ont maintenant deux lourdes pierres qui volent autour d'eux en essayant de les jeter à bas de leurs balais. Hélas nul n'est tombé lorsque je regardais. Gwenog m'a dit qu'elle-même jouait souvent à ce jeu et s'en amusait fort. Suis retournée à mon logis en grand déplaisir.

En dehors du fait qu'elle ne connaissait qu'un seul jour de la semaine, ces extraits nous en apprennent beaucoup plus long que n'aurait pu le penser Gertie Keddle. Tout d'abord, la balle qu'elle voit atterrir parmi ses choux était en cuir, tout comme le

21

Souafle moderne – sans nul doute, la vessie gonflée qu'on utilisait dans les jeux de balai de l'époque devait être très difficile à lancer avec précision, notamment les jours de grand vent. Ensuite, Gertie nous précise que les joueurs essayent de jeter la balle «sur les arbres aux deux bouts des marais» – il s'agit apparemment d'une façon primitive de marquer des buts. Enfin, elle nous donne un aperçu de ce qu'étaient les ancêtres des Cognards. Il est également très intéressant d'apprendre qu'un «gros sorcier écossais» était présent. Pouvait-il s'agir d'un joueur de Creaothceann? Était-ce lui qui avait eu l'idée d'ensorceler de lourdes pierres pour les faire voler dangereusement au-dessus du terrain, s'inspirant ainsi des rocs utilisés dans le jeu de son pays natal?

On ne trouve plus aucune allusion au sport pratiqué dans les Marais de Queerditch jusqu'au siècle suivant, où un sorcier du nom de Goodwin Kneen prend la plume pour écrire à un cousin norvégien prénommé Olaf. Kneen habitait le comté du Yorkshire, ce qui montre à quel point ce sport s'était répandu à travers tout le royaume au cours des cent années qui suivirent le premier témoignage de Gertie Keddle. La lettre de Kneen est conservée dans les archives du ministère norvégien de la Magie. Nous la reproduisons dans une traduction en langage moderne.

Cher Olaf,

Ta santé est-elle bonne? Pour moi, je me porte tel un charme mais Gunhilda est frappée d'une dragoncelle qui répand moult verrues sur son corps.

Nous avons eu grand amusement à une partie de Kwidditch samedi dernier mais la malheureuse Gunhilda qui était affligée par son mal ne pouvait jouer comme Pourchasseur et il fut demandé à Radulf le forgeron de prendre sa place. L'équipe d'Ilkley a montré vigueur et adresse mais n'était pas de notre force car nous étions grandement préparés et avons marqué par quarante-deux fois. Un Cognoir a heurté Radulf à la tête par la faute du vieil Ugga trop lent à brandir sa massue. Les nouveaux tonneaux où l'on marque les points ont fait bel usage. Ils étaient trois attachés sur des pieux à chaque extrémité. Oona à l'auberge nous les avait donnés et nous a ensuite régalés d'hydromel sans délier notre bourse pour la raison que nous étions victorieux. Un léger courroux a saisi Gunhilda à mon retour si tardif. J'ai eu à me protéger de quelques rudes maléfices et mes doigts sont maintenant revenus sur ma main.

J'envoie cette missive par mon meilleur hibou avec l'espérance qu'il arrive jusqu'à toi.

Ton cousin,
Goodwin

Nous voyons ainsi comment le jeu a progressé en un siècle. Normalement, il était prévu que l'épouse de Goodwin joue au poste de «Pourchasseur» – sans doute l'ancien terme qui désignait le Poursuiveur. Le «Cognoir» (devenu Cognard) qui frappa Radulf le forgeron aurait dû être détourné par Ugga, lequel jouait de toute évidence au poste de Batteur, puisqu'il était équipé d'une massue. Les buts ne sont plus constitués par des arbres mais par des tonneaux fixés sur des pieux. Toutefois, il manque encore un élément essentiel : le Vif d'or. L'apparition de la quatrième balle du Quidditch ne remonte qu'au milieu du treizième siècle et se produisit d'une manière bien étrange.

Chapitre 4

L'apparition du Vif d'or

Depuis le début du douzième siècle, la chasse au Vivet était très répandue dans le monde des sorciers. Le Vivet doré (voir figure B) est aujourd'hui une espèce protégée mais, à l'époque, c'était un oiseau commun dans le nord de l'Europe, bien qu'il fût très difficile à détecter par les Moldus en raison de son exceptionnelle aptitude à se cacher et de l'extraordinaire vitesse de son vol.

La taille minuscule du Vivet alliée à sa remarquable agilité en vol et à sa faculté d'éviter les prédateurs en faisait un gibier très difficile à attraper et ceux qui parvenaient à le capturer en tiraient d'autant plus de prestige. Une tapisserie du douzième siècle, conservée au musée du Quidditch, montre un groupe de sorciers partant à la chasse au Vivet. Dans la première partie de la tapisserie, certains chasseurs sont équipés de filets, d'autres utilisent des baguettes magiques, d'autres encore essaient d'attraper l'oiseau à mains nues. Une des scènes représentées montre que le Vivet était souvent écrasé par le chasseur. Dans la dernière partie de la tapisserie, on voit le sorcier qui a réussi à capturer sa proie recevoir un sac d'or.

Fig. B

La chasse au Vivet était à bien des égards contestable. Tout sorcier de bon sens ne peut que déplorer la destruction, au nom du sport, de ces petits oiseaux paisibles. Par surcroît, la chasse au Vivet se pratiquait en plein jour et augmentait de ce fait, plus que toute autre activité extérieure, les risques que des Moldus aperçoivent des balais volants. Le Conseil des Sorciers de l'époque fut cependant incapable de modérer l'enthousiasme suscité par ce sport – en vérité, il apparaît que le Conseil lui-même n'y voyait pas grand mal comme nous allons le constater.

La chasse au Vivet finit par croiser le chemin du

Quidditch en 1269 lors d'une partie à laquelle assistait le chef du Conseil des Sorciers en personne, Barberus Bragge. Nous le savons grâce au témoignage adressé par Dame Modesty Rabnott, du Kent, à sa sœur Prudence, d'Aberdeen (cette lettre se trouve également au musée du Quidditch). Selon Dame Rabnott, Bragge avait apporté à la partie de Quidditch un Vivet enfermé dans une cage en annonçant qu'il offrirait une récompense de cent cinquante Gallions* au joueur qui parviendrait à attraper l'oiseau au cours de la rencontre. Laissons à Dame Rabnott le soin de raconter la suite :

Tous les joueurs s'envolèrent du même élan sans s'occuper du Souafle mais se protégeant des Cognoirs. Les deux gardiens abandonnèrent leurs paniers pour se joindre à la chasse. L'infortuné Vivet filait d'un côté et d'autre en grands efforts pour s'enfuir mais la foule des sorciers l'empêchait de s'éloigner en lui lançant des sortilèges de Repoussement. Tu n'ignores pas, ma bonne Pru, ce que je pense de la chasse au Vivet et quelle furie je deviens quand le courroux me prend. J'ai accouru au milieu du terrain et poussé force clameurs. Chef Bragge, c'est grande injustice ! Qu'on laisse libre le Vivet et que le noble jeu de Cuaditch commence car c'est pourquoi nous sommes venus !

* C'est-à-dire plus d'un million de Gallions actuels. On ignore si Barberus Bragge avait véritablement l'intention de payer cette somme.

Or voici que cette brute me répond d'un grand rire et lance sur moi la cage vide. Ma bonne Pru, la fureur m'a fait voir rouge et ce rouge-là était très vif si tu m'en crois. Alors que le malheureux Vivet volait vers moi, j'ai jeté un sortilège d'Attraction. Tu sais comme je suis habile en cette matière. Il était facile pour moi d'atteindre ma cible puisque je n'étais pas sur mon balai à cet instant. Le petit oiseau s'est précipité dans ma main, je l'ai abrité dans ma robe et j'ai couru comme une diablesse.

Ils m'ont attrapée mais pas avant que j'eusse échappé à la foule et relâché le Vivet. Le chef Bragge en a été saisi de rage et j'ai bien cru finir en crapaud, ou pis, mais par grande chance ses conseillers l'ont ramené à la raison et j'ai dû payer dix Gallions pour avoir été cause de tant d'émoi. Bien sûr, je n'ai jamais possédé dix Gallions de ma vie et j'ai été privée de ma maison pour prix de ma dette.

Je viendrai bientôt habiter sous ton toit. Par chance, ils n'ont pas pris l'hippogriffe. Et je puis te dire, ma bonne Pru, que je n'aurais pas choisi le chef Bragge si le droit d'élire m'avait été donné.

Ta sœur qui t'aime,
Modesty

Le geste courageux de Dame Rabnott a sans doute sauvé un Vivet mais elle ne pouvait les sauver tous. L'idée que le chef Bragge avait eue ce jour-là allait changer à jamais la nature du Quidditch. Des

Vivets dorés furent bientôt lâchés au début de toutes les parties de Quidditch, un joueur de chaque équipe (le Chasseur) ayant pour unique tâche de l'attraper. Lorsque l'oiseau était tué, la partie prenait fin et l'équipe du Chasseur victorieux se voyait attribuer cent cinquante points supplémentaires, en souvenir des cent cinquante Gallions promis par le chef Bragge. La foule des spectateurs se chargeait d'empêcher le Vivet de sortir des limites du terrain en utilisant les sortilèges de Repoussement mentionnés par Dame Rabnott.

Vers le milieu du siècle suivant, cependant, le nombre des Vivets dorés avait tant diminué que le Conseil des Sorciers, que dirigeait alors Elfrida Clagg, dont l'esprit était beaucoup plus éclairé, en fit une espèce protégée, interdisant tout à la fois de le tuer et de l'utiliser lors des parties de Quidditch. Une réserve de Vivets fut créée dans le comté du Somerset, à laquelle on donna le nom de Modesty Rabnott, et l'on chercha alors frénétiquement un substitut à l'oiseau pour pouvoir continuer à jouer au Quidditch comme auparavant.

L'invention du Vif d'or est attribuée à un sorcier du nom de Bowman Wright, de Godric's Hollow. Tandis que, à travers tout le pays, les équipes de Quidditch cherchaient des oiseaux de substitution, Wright, qui était un habile ensorceleur de métaux, entreprit de créer une balle imitant le comportement et la façon de voler du Vivet doré. Ses efforts furent couronnés de succès, comme en témoignent les nombreux rouleaux de parchemin qu'il laissa à sa mort (aujourd'hui propriété d'un collectionneur privé) et qui contenaient la liste des commandes reçues de tout le pays. Le Vif d'or, ainsi que Bowman appela son invention, était une balle de la taille d'une noix qui pesait exactement le même poids qu'un Vivet. Ses ailes d'argent étaient équipées de jointures rotatives qui imitaient les articulations de l'oiseau et lui permettaient de changer de direction avec la même vitesse fulgurante et la même précision que son modèle vivant. À la différence du Vivet, toutefois, le Vif d'or avait été ensorcelé de telle sorte qu'il ne puisse dépasser les limites du terrain. On peut affirmer que l'introduction du Vif d'or a marqué la fin du processus d'évolution commencé trois cents ans plus tôt dans les Marais de Queerditch. Ce fut la véritable naissance du Quidditch.

Chapitre 5

Précautions anti-Moldus

En 1398, le sorcier Zacharias Loreyon acheva la première description complète du jeu de Quidditch. Il commençait par souligner la nécessité d'établir des règles de sécurité anti-Moldus pendant le déroulement des parties : « Tu choisiras des landes désertes éloignées des habitations moldues et tu t'assureras qu'on ne peut te voir lorsque tu t'envoles sur ton balai. Les sortilèges repousse-Moldus seront utiles si tu te sers d'un même terrain durablement. Il est aussi recommandé de jouer la nuit plutôt qu'en plein jour. »

L'excellent conseil de Loreyon n'avait sans doute pas toujours été suivi : c'est ce que nous pouvons déduire de la décision du Conseil des Sorciers qui interdit en 1362 de jouer au Quidditch à moins de quatre-vingts kilomètres d'une ville. De toute évidence, la popularité du jeu augmentait rapidement car le Conseil estima nécessaire de modifier cette réglementation dès 1368 en interdisant cette fois de jouer à moins de cent soixante kilomètres de toute agglomération. En 1419, le Conseil publia le décret dont la formulation est restée célèbre et qui interdisait de jouer au Quidditch «en quelque endroit où existe le plus petit danger qu'un Moldu en soit le témoin, ou alors nous verrons si l'on peut jouer avec autant d'aise enchaîné au mur d'un cachot».

Comme ne peut l'ignorer tout sorcier en âge d'aller à l'école, notre tradition de voler sur des balais est sans nul doute un de nos secrets les moins bien gardés. La représentation moldue d'une sorcière ne saurait être complète sans un balai volant et, si ridicules que soient ces gravures (aucun des balais dessinés par les Moldus ne pourrait rester en l'air un seul instant), elles nous rappellent que nous nous sommes montrés trop souvent insouciants au cours des siècles. On ne peut donc s'étonner que les balais et la magie soient si intimement liés dans l'esprit des Moldus.

Les mesures de sécurité adéquates ne furent appliquées qu'en 1692, lorsque le Code international du secret magique rendit chaque ministère de la Magie directement responsable des conséquences dues à la pratique des sports de sorciers sur son territoire propre. Cette nouvelle réglementation conduisit à la création en Grande-Bretagne du Département des jeux et sports magiques. Les équipes de Quidditch qui négligèrent les directives du ministère furent dès lors contraintes de cesser toute activité. L'exemple le plus célèbre est celui des Tabasseurs de Banchory, une équipe écossaise connue pour ses médiocres performances au Quidditch mais également pour ses «troisièmes mi-temps» très animées. Après leur match de 1814 contre les Appleby Arrows (voir chapitre sept), les Tabasseurs lâchèrent leurs Cognards qui sillonnèrent les environs toute la nuit puis ils partirent capturer un dragon Noir des Hébrides pour en faire leur mascotte. Les représentants du ministère de la Magie les interceptèrent alors qu'ils volaient au-dessus d'Inverness et l'on ne vit plus jamais les Tabasseurs de Banchory sur un terrain de Quidditch.

De nos jours, les équipes de Quidditch ne jouent plus sur des terrains locaux, ils se rendent dans des endroits aménagés par le Département des jeux et sports magiques où sont appliquées d'efficaces mesures de sécurité anti-Moldus. Comme Zacharias Loreyon le conseillait si justement il y a six cents ans, il est plus sûr de pratiquer le Quidditch sur des landes désertes.

Chapitre 6

L'évolution du Quidditch
depuis le quatorzième siècle

Le terrain

Zacharias Loreyon décrit le terrain du quatorzième siècle comme un ovale de cent cinquante mètres de longueur et vingt-quatre mètres de largeur avec un petit cercle (d'une soixantaine de centimètres de diamètre) tracé en son centre. Loreyon nous apprend que l'arbitre (ou Quidjuge, comme on le nommait à l'époque) apportait les quatre balles sur ce cercle central tandis que les quatorze joueurs l'entouraient. Au moment où les quatre balles étaient lâchées (le Souafle était lancé par l'arbitre ; voir plus loin l'article « Souafle »), les joueurs s'élançaient dans les airs. Les buts, au temps de Loreyon, étaient encore constitués de grands paniers fixés sur des poteaux, comme le montre la figure C.

En 1620, Quintius Umfraville publia un ouvrage intitulé *Le Noble Sport des sorciers* dans lequel on pouvait voir un schéma représentant un terrain au dix-septième siècle (voir figure D). On note ici l'apparition d'un élément nouveau : la surface de but (voir plus loin l'article consacré aux «Règles»). Les paniers fixés au sommet des poteaux de but étaient beaucoup plus petits mais placés beaucoup plus haut qu'au temps de Loreyon.

En 1883, on cessa d'utiliser des paniers pour marquer les buts et on les remplaça par les anneaux que nous connaissons aujourd'hui, une innovation que *La Gazette du sorcier* s'empressa de rapporter dans l'article que nous reproduisons ci-après. Depuis cette date, le terrain de Quidditch n'a plus connu de modifications.

Fig. C

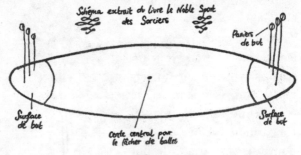

Fig. D

Rendez-nous nos paniers!

Ce cri poussé par des joueurs de Quidditch a retenti hier soir dans tout le pays après qu'on eut annoncé que le Département des jeux et sports magiques avait décidé de brûler les paniers qui servent depuis des siècles à marquer les buts.

«N'exagérons rien, nous n'allons pas les brûler», a déclaré, visiblement irrité, un représentant du Département à qui on demandait de commenter la nouvelle. «Comme vous avez pu le remarquer, les paniers ont des tailles différentes et il nous a été impossible

36

d'unifier leurs dimensions afin que les poteaux de but soient les mêmes dans tout le royaume. Vous comprendrez aisément qu'il s'agit là d'une question d'équité. Par exemple, il existe près de Barnton une équipe qui dispose de paniers minuscules dans lesquels on n'arriverait même pas à faire entrer un grain de raisin alors qu'ils attachent aux poteaux de leurs adversaires d'immenses paniers ouverts à tous vents. On ne peut pas continuer ainsi. Nous avons donc décidé d'imposer un anneau d'une dimension unique, ce qui devrait contenter tout le monde.»

À cet instant, le représentant du Département a dû battre en retraite sous une grêle de paniers jetés par des manifestants furieux rassemblés dans le hall. Bien que la responsabilité des violents incidents qui se sont ensuivis ait été rejetée sur des agitateurs gobelins, il ne fait aucun doute que les amateurs de Quidditch du royaume tout entier portent ce soir le deuil de leur jeu préféré tel qu'ils l'ont connu jusqu'à présent.

«Ce ne sera plus pareil sans les paniers», nous a déclaré avec tristesse un vieux sorcier au visage ridé. «Je me souviens, quand j'étais gamin, on y mettait le feu, aux paniers, pendant le match. C'était pour s'amuser. Mais on ne pourra plus faire ça avec des anneaux. On ne va plus rigoler comme avant. »

La Gazette du sorcier,
12 février 1883

Les balles

LE SOUAFLE

Comme nous l'avons vu dans le journal de Gertie Keddle, le Souafle des premiers temps était en cuir. C'était la seule des quatre balles du Quidditch à ne pas être ensorcelée. Il s'agissait d'une simple balle de cuir cousue, souvent équipée d'une lanière (voir figure E) car on devait l'attraper et la lancer d'une seule main. Certains vieux Souafles sont creusés de trous pour passer les doigts. Mais, avec la découverte des sortilèges d'Empogne en 1875, la lanière et les trous devinrent inutiles puisque le Poursuiveur pouvait désormais tenir d'une seule main le cuir ensorcelé sans aucune aide.

Le Souafle moderne a un diamètre de trente centimètres et ne comporte plus aucune couture. Il reçut pour la première fois sa couleur écarlate à l'hiver 1711, après une rencontre qui eut lieu sous une forte pluie et au cours de laquelle le Souafle se confondait avec la boue chaque fois qu'il tombait par terre. Les Poursuiveurs étaient d'ailleurs de plus en plus agacés par la nécessité de plonger continuellement vers le sol pour récupérer le Souafle lorsqu'un joueur le manquait. Et c'est ainsi que, peu après ce changement de couleur, une sorcière du nom de Daisy Pennifold eut l'idée d'ensorceler le Souafle de telle sorte que sa chute soit considérablement ralentie, comme s'il s'enfonçait dans l'eau. Les Poursuiveurs avaient alors le temps de le rattraper avant qu'il touche le sol. Le « Souafle de Pennifold » est celui qu'on utilise encore aujourd'hui.

Souafles anciens   *Souafle moderne*

Fig. E

Les premiers Cognards (ou «Cognoirs») étaient, comme nous l'avons vu, de simples pierres volantes. À l'époque de Zacharias Loreyon, le seul progrès avait consisté à les tailler en forme de balles. Ces pierres présentaient cependant un inconvénient majeur : elles se brisaient parfois sous le choc des battes magiquement renforcées en usage au quinzième siècle et les joueurs étaient alors poursuivis par du gravier volant jusqu'à la fin de la partie.

Ce fut sans doute pour cette raison que certaines équipes de Quidditch expérimentèrent, au début du seizième siècle, des Cognards en métal. Agatha Chubb, spécialiste des objets anciens de sorcellerie, a identifié pas moins de douze Cognards de plomb datant de cette période, découverts dans des marais d'Angleterre et des tourbières d'Irlande. «Il s'agit sans aucun doute possible de Cognards et non pas de boulets de canon», écrit-elle.

On remarque les légères bosses provoquées par les battes magiquement renforcées des joueurs de Quidditch et l'on peut observer les traits distinctifs qui révèlent la manière des sorciers (par opposition à celle des Moldus) – la régularité de la sphère et sa parfaite symétrie, notamment. Enfin, dernier indice qui ne trompe pas, chacune de ces boules de plomb se mettait à voler en tous sens d'un bout à l'autre de mon bureau en essayant de m'assommer dès que je la sortais de sa boîte.

On s'aperçut bientôt que le plomb n'était pas assez dur pour convenir à la fabrication des Cognards (chaque bosse affectait leur capacité à suivre une trajectoire rectiligne). De nos jours, tous les Cognards sont en fer et ont un diamètre de vingt-cinq centimètres.

Les Cognards sont ensorcelés pour qu'ils se lancent d'eux-mêmes à la poursuite de tous les joueurs indistinctement. Si on les laisse libres, ils attaqueront le joueur le plus proche, c'est pourquoi la tâche du Batteur consiste à envoyer les Cognards le plus loin possible de sa propre équipe en les frappant avec sa batte.

LE VIF D'OR

Le Vif d'or a la taille d'une noix, tout comme le Vivet doré. Il est ensorcelé pour pouvoir échapper le plus longtemps possible aux Attrapeurs. On dit qu'en 1884, sur la lande de Bodmin, un Vif d'or parvint ainsi à éviter la capture pendant six mois, amenant les deux équipes, écœurées par les médiocres performances de leurs Attrapeurs respectifs, à abandonner la partie. Les sorciers de Cornouailles qui connaissent bien la région affirment aujourd'hui encore que le Vif d'or, devenu sauvage, vit toujours sur la lande, bien qu'il m'ait été impossible d'en obtenir confirmation.

Les joueurs

LE GARDIEN

Le poste de Gardien a certainement existé dès le treizième siècle (voir chapitre 4), bien que son rôle ait changé depuis.

Si l'on en croit Zacharias Loreyon, le Gardien

> doit atteindre le premier les paniers de but car c'est sa tâche d'empêcher le Souafle de pénétrer en dedans. Il doit se garder d'aller trop avant sur le terrain dans le cas où ses paniers seraient sous la menace tandis qu'il est absent. Pourtant, un Gardien habile à voler promptement peut marquer un but puis retourner à ses propres paniers à temps pour prévenir le camp adverse de faire jeu égal. C'est là une matière dont le Gardien est en conscience le seul juge.

Cet extrait indique clairement qu'au temps de Loreyon les Gardiens avaient le même rôle que les Poursuiveurs, avec une responsabilité supplémentaire. Ils avaient donc le droit de se déplacer sur toute la longueur du terrain et de marquer des buts.

En 1620, cependant, à l'époque où Quintius Umfraville écrivait *Le Noble Sport des sorciers*, la tâche du Gardien avait été simplifiée. On avait ajouté les surfaces de but et les Gardiens devaient rester dans leurs limites pour protéger leurs paniers, tout en conservant le droit d'en sortir lorsqu'il s'agissait d'intimider les Poursuiveurs de l'équipe adverse ou d'intercepter leur tir.

LES BATTEURS

Le rôle des Batteurs a peu changé au cours des siècles et il est probable qu'ils ont existé dès l'introduction des Cognards dans le jeu. Leur fonction essentielle consiste à protéger leurs coéquipiers de l'attaque des Cognards, ce qu'ils font à l'aide de battes (autrefois des massues, comme nous avons pu le voir dans la lettre de Goodwin Kneen reproduite au chapitre 3). Les Batteurs n'ont jamais eu pour tâche de marquer des buts et il n'existe aucune indication laissant supposer qu'ils aient jamais eu à toucher au Souafle.

Les Batteurs doivent faire preuve d'une grande

force physique pour repousser les Cognards. Aussi est-ce un poste qui, plus que tout autre, a été généralement occupé par des sorciers plutôt que par des sorcières. Les Batteurs doivent aussi posséder un sens de l'équilibre particulièrement développé car il leur est parfois nécessaire de lâcher le manche de leur balai pour repousser un Cognard en tenant la batte à deux mains.

LES POURSUIVEURS

Le poste de Poursuiveur est le plus ancien du Quidditch, le jeu n'ayant consisté à l'origine qu'à marquer des buts. Les Poursuiveurs se lancent le Souafle les uns aux autres et font gagner dix points à leur équipe chaque fois qu'ils arrivent à le faire passer à travers l'un des anneaux de but.

Le seul changement significatif dans le rôle du Poursuiveur se produisit en 1884, un an après que les paniers de but soient remplacés par des anneaux. Une nouvelle règle fut alors introduite, stipulant que seul le Poursuiveur en possession du Souafle avait le droit de pénétrer dans la surface de but. Si plus d'un Poursuiveur y était présent, le but était annulé. Cette règle était destinée à interdire le «stooging», ou «tassebut» (voir plus loin l'article «Fautes»), c'est-à-dire la manœuvre par laquelle deux Poursuiveurs pénètrent dans la surface de but en écartant brutalement le Gardien pour dégager un anneau et permettre au troisième Poursuiveur de marquer. Les réactions à cette nouvelle règle furent rapportées par *La Gazette du sorcier* de l'époque.

Nos Poursuiveurs ne trichent pas !

Telle a été la réaction stupéfaite des amateurs de Quidditch d'un bout à l'autre du royaume lorsque la «Pénalité du stooging», ainsi qu'on l'a nommée, fut annoncée hier soir par le Département des jeux et sports magiques.

«Les exemples de stooging ont été en nette augmentation ces temps derniers», nous a déclaré, visiblement exaspéré, un représentant du Département. «Nous estimons que cette nouvelle règle permettra d'éviter les blessures graves dont des Gardiens ont trop souvent été victimes. Désormais, au lieu de courir le risque d'être brutalisé par trois Poursuiveurs pénétrant en même temps dans la surface de but, le Gardien n'aura plus face à lui qu'un seul Poursuiveur, ce qui est beaucoup plus juste et devrait contenter tout le monde.»

À cet instant, le représentant du Département a dû battre en retraite tandis que la foule en colère le bombardait de Souafles. Des sorciers du Département de la police magique ont alors dispersé la foule qui menaçait de faire subir au ministre lui-même une séance de stooging.

Nous avons vu un enfant de six ans au visage couvert de taches de son partir en pleurant.

«Ça me plaisait beaucoup le stooging», a-t-il déclaré en sanglotant à *La Gazette du sorcier*. «Mon père et moi, on aime bien voir les Gardiens se faire aplatir. Je n'irai plus aux matchs de Quidditch.»

La Gazette du sorcier, 22 juin 1884

LES ATTRAPEURS

Généralement sélectionnés parmi les joueurs les plus légers et les plus rapides, les Attrapeurs doivent être dotés d'une vue perçante et avoir également la capacité de voler en tenant le manche d'une seule main – ou en ne le tenant pas du tout. Étant donné leur rôle crucial dans l'issue d'un match – puisque la capture du Vif d'or peut si souvent arracher la victoire aux abîmes de la défaite –, les Attrapeurs sont la cible désignée des mauvais coups de leurs adversaires. Tout en bénéficiant de l'immense prestige et du charme qui s'attachent à leur traditionnelle virtuosité en vol, ce sont généralement les joueurs qui subissent les pires blessures. «Sortez l'Attrapeur» est la première règle du livre de Brutus Scrimgeour *La Bible du Batteur*.

Les règles du jeu

Les règles suivantes ont été établies par le Département des jeux et sports magiques lors de sa fondation, en 1750 :

1. Aucune restriction n'est imposée à l'altitude que peut atteindre un joueur durant un match; en revanche, il lui est interdit de dépasser les limites du terrain. Si l'un des joueurs franchit ces limites, son équipe doit aussitôt donner le Souafle au camp adverse.

2. Le capitaine d'une équipe peut demander un «temps mort» en s'adressant à l'arbitre. C'est le seul moment où les joueurs ont le droit de mettre pied à terre au cours d'un match. Le temps mort peut atteindre deux heures si le jeu a déjà duré plus de

douze heures. Si l'une des deux équipes ne revient pas sur le terrain à l'issue de ces deux heures, elle est aussitôt disqualifiée.

3. L'arbitre peut imposer des penalties à l'encontre de l'une des équipes. Le Poursuiveur qui tire le penalty devra voler depuis le cercle central vers la surface de but. Tous les joueurs autres que le Gardien de l'équipe adverse doivent se tenir à l'écart pendant le tir du penalty.

4. Le Souafle peut être arraché des mains du joueur qui le tient mais on ne peut en aucun cas saisir un joueur adverse par quelque partie du corps que ce soit.

5. En cas de blessure, il n'y aura pas de joueur remplaçant. L'équipe poursuivra le match sans le joueur manquant.

6. Il est permis de détenir une baguette magique sur le terrain* à la condition qu'il n'en soit fait aucun usage, en quelque circonstance que ce soit, contre un joueur de l'équipe adverse, ou contre son balai, contre l'arbitre, contre l'une des balles, ou contre un spectateur.

7. Un match de Quidditch prend fin lorsque le Vif d'or a été attrapé, ou par consentement mutuel des capitaines des deux équipes.

* Le droit de porter une baguette magique à tout moment a été décrété par la Confédération internationale des sorciers en 1692, lorsque les persécutions exercées par les Moldus eurent atteint leur point culminant et que les sorciers se préparaient à vivre cachés.

Les règles sont faites, bien entendu, pour être violées. Le Département des jeux et sports magiques a recensé sept cents fautes possibles au Quidditch et l'on sait qu'elles ont toutes été commises au cours du même match, lors de la finale de la première Coupe du Monde, qui eut lieu en 1473. La liste complète de ces fautes n'a cependant jamais été rendue publique auprès des sorciers. Le Département considère en effet que cette liste pourrait «donner des idées» aux sorcières et sorciers qui la consulteraient.

Pour ma part, j'ai eu le privilège d'accéder aux documents relatifs à ces fautes pendant que je faisais mes recherches en vue d'écrire ce livre et je puis confirmer que leur publication n'apporterait aucun bien. Quatre-vingt-dix pour cent des fautes répertoriées sont de toute façon impossibles à commettre tant que sera maintenue l'interdiction de faire usage d'une baguette magique contre l'équipe adverse (cette interdiction fut décidée en 1538). Parmi les dix pour cent de fautes qui restent, on peut affirmer sans crainte de se tromper que la plupart d'entre elles ne viendraient pas à l'idée du plus déloyal des joueurs de Quidditch; par exemple, «mettre le feu au balai d'un joueur adverse», «taper sur le balai d'un adversaire avec une massue» ou «attaquer un joueur à coups de hache.» Cela ne signifie pas que les joueurs de Quidditch actuels ne violent jamais les règles. On trouvera ci-dessous dix fautes communes. Le terme officiel désignant chacune de ces fautes au Royaume-Uni est indiqué dans la première colonne, avec son terme équivalent dans notre langue.

Blagging (Hochequeue)	Tous les joueurs	Saisir la queue d'un balai pour ralentir ou gêner un adversaire.
Blatching (Boutenchoc)	Tous les joueurs	Voler dans l'intention de provoquer une collision.
Blurting (Croc-en-manche)	Tous les joueurs	Accrocher le manche à balai d'un adversaire avec le sien pour l'obliger à changer de direction.
Bumphing (Tranchefoule)	Les Batteurs uniquement	Frapper un Cognard en direction de la foule, provoquant ainsi un arrêt de jeu pendant que les officiels se précipitent pour protéger les spectateurs. Utilisé parfois par des joueurs peu scrupuleux pour empêcher un Poursuiveur adverse de marquer.
Cobbing (Coudoyage)	Tous les joueurs	Usage excessif des coudes contre un adversaire.
Flacking (Rembarrage)	Le Gardien uniquement	Faire passer une partie quelconque de son anatomie à travers un anneau de but pour repousser le Souafle. Le Gardien est censé protéger le but en se postant devant l'anneau et non pas derrière.
Haversacking (Pognensac)	Les Poursuiveurs uniquement	Avoir toujours la main sur le Souafle lorsqu'il traverse l'anneau de but (le Souafle doit toujours être lancé).
Quafflepocking (Pique-souafle)	Les Poursuiveurs uniquement	Bricoler le Souafle, par exemple en le perçant de trous, pour qu'il tombe plus vite ou décrive une trajectoire en zigzag.
Snitchnip (Pincevif)	Tous les joueurs sauf l'Attrapeur	Toucher ou saisir le Vif d'or alors qu'on ne joue pas au poste d'Attrapeur.
Stooging (Tassebut)	Les Poursuiveurs uniquement	Le fait pour plusieurs Poursuiveurs d'entrer en même temps dans la surface de but.

Les arbitres

Il fut un temps où l'arbitrage des matchs de Quidditch ne pouvait être confié qu'aux sorcières et aux sorciers les plus téméraires. Zacharias Loreyon nous raconte qu'un arbitre du Norfolk du nom de Cyprien Yodel trouva la mort au cours d'une rencontre amicale entre des sorciers locaux en 1357. L'auteur du sortilège ne fut jamais arrêté mais on pense qu'il s'agissait d'un spectateur. Bien que, depuis ce temps, on n'ait pu prouver avec certitude l'existence d'autres meurtres, on a rapporté au cours des siècles divers exemples de sabotage de balais, le plus dangereux ayant consisté à transformer le balai de l'arbitre en Portoloin ; le malheureux se volatilisait ainsi au milieu du match pour ne réapparaître qu'au bout de plusieurs mois au fin fond du Sahara. Le Département des jeux et sports magiques a imposé des mesures de sécurité très strictes concernant les balais des joueurs et, fort heureusement, ce genre d'incident est devenu extrêmement rare.

L'arbitre de Quidditch efficace se doit d'être beaucoup plus qu'un expert en matière de vol sur balai. Il doit surveiller les acrobaties aériennes de quatorze joueurs en même temps et le mal qui le menace le plus couramment est le torticolis. Lors des matchs professionnels, l'arbitre est assisté par des officiels postés tout autour du terrain, chargés de s'assurer que ni les joueurs ni les balles ne franchissent les limites du périmètre de jeu.

En Grande-Bretagne, les arbitres de Quidditch sont sélectionnés par le Département des jeux et sports magiques. Ils doivent réussir des épreuves de vol particulièrement difficiles et passer un examen écrit de haut niveau sur les règles du Quidditch ; il leur faut en outre apporter la preuve, au cours d'une série d'épreuves intensives, qu'ils sont dotés d'un sang-froid suffisant pour ne pas être tentés de lancer des sorts ou maléfices aux joueurs agressifs, même lorsqu'ils se trouvent soumis aux pressions les plus insupportables.

Chapitre 7

Les équipes de Quidditch
de Grande-Bretagne et d'Irlande

La nécessité de dissimuler les rencontres de Quidditch aux yeux des Moldus a conduit le Département des jeux et sports magiques à limiter le nombre de matchs joués chaque année. Alors que les rencontres entre amateurs sont autorisées dans la mesure où les règles adéquates sont respectées, les équipes professionnelles de Quidditch ont vu leur nombre restreint depuis 1674, année de la fondation de la Ligue. À cette époque, les treize meilleures équipes de Quidditch de Grande-Bretagne et d'Irlande furent sélectionnées pour faire partie de la Ligue et les autres durent se dissoudre. Ces treize équipes continuent de s'affronter chaque année pour essayer de remporter la Coupe de la Ligue.

Appleby Arrows

Cette équipe du nord de l'Angleterre a été fondée en 1612. Ses joueurs portent des robes bleu pâle ornées d'une flèche d'argent. Les supporters des Appleby Arrows s'accorderont sans doute à dire que les heures les plus glorieuses de leur équipe remontent à leur victoire de 1932 sur les champions d'Europe de l'époque, les Vratsa Vultures (Vautours de Vratsa), au cours d'un match qui dura seize jours sous une pluie et un brouillard d'une rare intensité. L'ancienne pratique des supporters du club, qui consistait à tirer des flèches en l'air à l'aide de leurs baguettes magiques chaque fois que leurs Poursuiveurs marquaient un but, a été interdite en 1894 par le Département des jeux et sports magiques après que l'un de ces projectiles eut transpercé le nez de l'arbitre, un certain Nouye Empot. Une traditionnelle et féroce rivalité oppose cette équipe à celle des Frelons de Wimbourne (voir plus loin).

Ballycastle Bats

L'équipe de Quidditch la plus célébrée d'Irlande du Nord a remporté la Coupe de la Ligue vingt-sept fois jusqu'à présent, ce qui en fait la deuxième équipe de l'histoire. Les Ballycastle Bats (Chauves-souris de Ballycastle) portent des robes noires ornées d'une chauve-souris écarlate sur la poitrine. Leur célèbre mascotte Barny la roussette est également bien connue pour avoir figuré dans toutes les publicités vantant les vertus de la Bièraubeurre. (Barny nous dit : « Pas de plus grand bonheur que la Bièraubeurre. »)

Caerphilly Catapults

Constituée en 1402, l'équipe des Catapultes galloises porte des robes à rayures verticales vert clair et rouge vif. Le palmarès de ce club distingué comporte dix-huit victoires en Coupe de la Ligue ainsi qu'un triomphe resté célèbre dans la finale de la Coupe d'Europe de 1956 qui l'opposait à l'équipe norvégienne des Cerfs-volants de Karasjok. La mort tragique de leur joueur le plus illustre, Dai Llewellyn « le Dangereux », qui fut dévoré par une Chimère alors qu'il était en vacances dans l'île de Mykonos, en Grèce, donna lieu à un jour de deuil national pour tous les sorciers et sorcières du pays de Galles. La Médaille commémorative du Dangereux est à présent décernée à la fin de chaque saison au joueur de la Ligue ayant pris au cours d'un match les risques les plus audacieux et les plus spectaculaires.

Canons de Chudley

Nombreux sont ceux qui considèrent que la période glorieuse des Canons de Chudley est aujourd'hui révolue mais leurs supporters les plus dévoués nourrissent toujours l'espoir d'une renaissance. Les Canons ont gagné la Coupe de la Ligue vingt et une fois, mais leur dernière victoire remonte à 1892 et leurs performances au cours du siècle passé n'ont guère été brillantes. Les Canons de Chudley portent des robes orange vif ornées d'un boulet de canon en pleine course et de deux «C» noirs. La devise de leur club, qui était : «Nous vaincrons», est devenue à partir de 1972 : «Croisons les doigts et gardons espoir.»

Club de Flaquemare

Fondé en 1163, le club de Flaquemare est la plus ancienne équipe de la Ligue. Flaquemare compte vingt-deux victoires en Coupe de la Ligue et deux triomphes en Coupe d'Europe. L'hymne de l'équipe, «Repoussez les terribles Cognards et lancez droit le

Souafle », a été récemment enregistré par la sorcière chantante Celestina Moldubec au profit de l'Hôpital Ste Mangouste pour les maladies et blessures magiques. Les joueurs de Flaquemare portent des robes bleu marine décorées de deux joncs d'or croisés, emblème du club.

Falmouth Falcons

Les Falcons (faucons) portent des robes gris foncé et blanc ornées d'une tête de faucon sur la poitrine. Ils sont connus pour leur jeu brutal, une réputation à laquelle ont largement contribué leurs Batteurs bien connus dans le monde entier, Kevin et Karl Broadmoor, qui ont fait partie de l'équipe de 1958 à 1969 et dont les frasques leur ont valu pas moins de quatorze suspensions prononcées par le Département des jeux et sports magiques. La devise du club est : « Remportons la victoire, mais si nous ne pouvons gagner, il y aura quelques crânes fêlés. »

Frelons de Wimbourne

Les Frelons de Wimbourne portent des robes à rayures horizontales jaunes et noires ornées d'un frelon sur la poitrine. Fondée en 1312, l'équipe des Frelons a remporté dix-huit fois la Coupe de la Ligue et a été à deux reprises demi-finaliste en Coupe d'Europe. On dit que leur nom vient d'un incident regrettable survenu au cours d'un match contre les Appleby Arrows, disputé au milieu du dix-septième siècle : un de leurs Batteurs passant devant un arbre situé en bordure du terrain aperçut parmi les branches un nid de frelons qu'il projeta d'un grand coup de batte en direction de l'Attrapeur des Appleby Arrows, lequel dut se retirer du jeu après avoir été victime de terribles piqûres. Les joueurs de Wimbourne remportèrent la victoire et adoptèrent par la suite comme emblème le frelon qui leur avait porté chance. Leurs supporters (que l'on surnomme les « Piqueurs ») ont coutume d'émettre un bour-donnement sonore pour troubler la concentration des Poursuiveurs adverses lorsqu'ils tirent leurs penalties.

Holyhead Harpies

Les Holyhead Harpies sont un très ancien club gallois (fondé en 1203), unique parmi les équipes de Quidditch du monde entier du fait que ses joueurs ont toujours été des… joueuses. Les robes des Harpies sont vert foncé avec une serre dorée sur la poitrine. On s'accorde généralement à reconnaître que le match au cours duquel les Harpies remportèrent la victoire sur les Heidelberg Harriers en 1953 fut l'une des plus belles rencontres de Quidditch qui aient jamais eu lieu. Disputé sept jours durant, le jeu arriva enfin à son terme lorsque l'Attrapeuse des Harpies, Glynnis Griffiths, réussit une spectaculaire capture du Vif d'or. À l'issue du match, le capitaine des Harriers, Rudolf Brand, descendit de son balai et, dans une scène restée célèbre, demanda en mariage son homologue de l'équipe adverse, Gwendolyn Morgan, qui répondit à sa proposition en l'assommant avec son Brossdur 5.

Kenmare Kestrels

Cette équipe irlandaise, fondée en 1291, est mondialement connue pour le spectacle endiablé qu'offrent traditionnellement les farfadets qui leur tiennent lieu de mascottes et les talentueux joueurs de harpe que comptent leurs supporters. Les Kestrels (crécerelles) portent des robes vert émeraude ornées de deux « K » jaunes brodés dos à dos sur la poitrine. Darren O'Hare, leur gardien de 1947 à 1960, a été par trois fois capitaine de l'équipe nationale d'Irlande et c'est à lui qu'on doit l'invention de l'Attaque en faucon (voir chapitre 10).

Montrose Magpies

L'équipe des Magpies, ou Pies, est celle qui a connu le plus de succès dans la Ligue de Grande-Bretagne et d'Irlande, dont elle a remporté la Coupe trente-deux fois. Championnes d'Europe à deux reprises, les Magpies ont des supporters dans le monde entier. Parmi les nombreux joueurs de premier plan que l'équipe a comptés au cours de son histoire, citons l'Attrapeuse Eunice Murray (décédée en 1942), qui réclama un jour « un Vif d'or plus rapide parce que celui-là est vraiment trop facile à attraper », et Hamish MacFarlan (capitaine de 1957 à 1968) qui, après avoir mis fin à sa brillante carrière de joueur de Quidditch, s'illustra de manière tout aussi éclatante comme directeur du Département des jeux et sports magiques. Les Magpies portent des robes noir et blanc ornées d'une pie sur la poitrine et dans le dos.

Pride of Portree

Cette équipe est originaire de l'île de Skye, en Écosse, où elle fut fondée en 1292. Les «Orgueilleux», comme les appellent leurs supporters, portent des robes pourpres avec une étoile d'or sur la poitrine. Leur plus célèbre Poursuiveuse, Catriona McCormack, fut capitaine de l'équipe qu'elle mena à la victoire à deux reprises dans la Coupe de la Ligue au cours des années soixante; elle joua également trente-six fois dans l'équipe d'Écosse. Sa fille, Meaghan, occupe actuellement le poste de Gardienne dans l'équipe (son fils Kirley est guitariste au sein du célèbre groupe de sorciers les Bizarr' Sisters).

Tutshill Tornados

Les Tornados portent des robes bleu ciel marquées d'un «T» bleu marine sur la poitrine et dans le dos. Fondée en 1520, l'équipe des Tornados a connu sa plus grande période de succès au début du vingtième siècle lorsque, sous la direction de l'Attrapeur Roderick Plumpton qui en était le capitaine, elle remporta cinq fois de suite la Coupe de la Ligue, un record absolu en Grande-Bretagne et en Irlande.

Roderick Plumpton a occupé vingt-deux fois le poste d'Attrapeur dans l'équipe d'Angleterre et détient le record britannique de la capture la plus rapide d'un Vif d'or (trois secondes et demie au cours d'un match contre les Caerphilly Catapults, en 1921).

Wigtown Wanderers

Ce club originaire du sud-est de l'Écosse a été fondé en 1422 par les sept enfants d'un boucher-charcutier sorcier du nom de Walter Parkin. Les quatre frères et les trois sœurs formaient, de l'avis général, une équipe redoutable qui perdait rarement un match, en partie, disait-on, à cause de l'appréhension qu'éprouvaient leurs adversaires à la vue de Walter, debout au bord du terrain, une baguette magique dans une main, un couteau de boucher dans l'autre. Au cours des siècles, l'équipe de Wigtown (appelée parfois Toupeyville) a souvent compté en son sein un descendant de Parkin. En hommage aux origines du club, les joueurs portent des robes rouge sang avec un coutelas d'argent sur la poitrine.

Chapitre 8

Le développement du Quidditch
à travers le monde

Europe

L e Quidditch était déjà bien établi en Irlande au
quatorzième siècle, comme en témoigne Zacharias Loreyon dans ce compte rendu d'un match de
1385 : « Des sorciers de Cork étaient venus dans le
Lancashire sur des balais volants pour y jouer une
partie. Or, ils offensèrent grandement les habitants
du lieu par la fort cuisante défaite qu'ils firent subir
à leurs héros. Les Irlandais savaient manier le Souafle avec mille ruses que nul n'avait vues jusqu'à ce
jour dans le Lancashire et ils eurent à fuir le village
de peur d'être occis par la multitude qui agitait les
baguettes magiques et leur donnait la chasse. »

Diverses sources montrent que le jeu s'était
répandu dans d'autres parties de l'Europe au début
du quinzième siècle. Nous savons que la Norvège s'y

était convertie de bonne heure (était-ce Olaf, le cousin de Goodwin Kneen, qui l'y avait introduit ?) grâce à ces vers écrits par le poète Ingolfr l'Iambique au début du quinzième siècle :

> Ô joie de la poursuite, emporté dans les cieux
> Je m'approche du Vif, le vent dans mes cheveux
> Et la foule déjà commence à m'acclamer
> Mais hélas un Cognard s'amuse à m'assommer.

Vers la même époque, le sorcier français Forbien Narré écrit ces quelques répliques dans sa pièce intitulée *La Triste Métamorphose de mes pauvres pieds* :

> GRENOUILLE : Je ne peux pas venir avec toi au marché, Crapaud.
> CRAPAUD : Mais, Grenouille, je ne puis la porter seul cette vachette.
> GRENOUILLE : Sache donc, Crapaud, que je dois être ce matin le Gardien de l'équipe. Qui arrêtera le Souafle si je ne suis pas là ?

L'année 1473 vit se dérouler la première Coupe du Monde de Quidditch, bien que seules des nations d'Europe y fussent représentées. L'absence d'équipes venues de pays plus lointains s'explique peut-être par l'épuisement des hiboux chargés de porter les lettres d'invitation, la répugnance des invités à entreprendre un voyage aussi long et périlleux ou par la simple envie de rester à la maison.

La finale qui opposa la Transylvanie à la Flandre est restée dans l'histoire comme la plus violente de tous les temps et de nombreuses fautes observées à l'époque ne se sont jamais renouvelées depuis – par exemple la métamorphose d'un Poursuiveur en putois, la tentative de décapitation d'un Gardien à l'aide d'un glaive et le lâcher d'une centaine de chauves-souris vampires que le capitaine de l'équipe de Transylvanie avait cachées sous sa robe de sorcier.

Depuis cette date, la Coupe du Monde de Quidditch a lieu tous les quatre ans mais ce n'est qu'au dix-septième siècle que des équipes d'autres continents que l'Europe ont commencé à participer à la compétition. En 1652 fut créée la Coupe d'Europe qui, depuis, se joue tous les trois ans.

Parmi toutes les équipes remarquables que compte l'Europe, la plus réputée est probablement le club bulgare des **Vratsa Vultures**. Vainqueurs à sept reprises de la Coupe d'Europe, les Vratsa Vultures sont sans nul doute l'une des équipes les plus spectaculaires du monde. Pionniers du tir long (qui consiste à lancer le Souafle très loin de la surface de but), ils ont toujours eu le souci de donner la chance à de jeunes joueurs de se faire un nom.

En France, les **Quiberon Quafflepunchers** (Tapesouafles de Quiberon), fréquents vainqueurs de la Coupe de la Ligue, sont réputés pour leur style flamboyant autant que pour leurs robes d'un rose criard. En Allemagne, on trouve les **Heidelberg Harriers**, dont les joueurs, à en croire le célèbre commentaire de Darren O'Hare, capitaine de l'équipe nationale d'Irlande, sont «plus féroces et deux fois plus intelligents qu'un dragon». Le Luxembourg, qui a toujours été un pays brillant en matière de Quidditch, nous a donné les **Bigonville Bombers**, bien connus pour leur stratégie offensive et dont le nombre de buts marqués les place parmi les meilleurs. Le club portugais des **Braga Broomfleet** a récemment accédé aux niveaux les plus élevés grâce à un système particulièrement innovant de marquage des Batteurs ; enfin, l'équipe polonaise des **Grodzisk Goblins** a donné l'Attrapeur que l'on peut raisonnablement considérer comme le plus inventif du monde, Josef Wronski.

Australie et Nouvelle-Zélande

On raconte que le Quidditch fut introduit en Nouvelle-Zélande peu avant le début du dix-septième siècle par une expédition de botanistes qui s'était rendue là-bas pour découvrir des plantes et des champignons magiques. Un soir, au terme d'une longue journée de labeur passée à recueillir des échantillons, les membres de l'expédition décidèrent de se détendre un peu en faisant une partie de Quidditch sous le regard stupéfait des sorciers locaux. Le ministère de la Magie néo-zélandais dut sans nul doute consacrer beaucoup de temps et d'argent à empêcher les Moldus de découvrir les œuvres d'art dans lesquelles les Maoris de l'époque montraient clairement des sorciers blancs en train de jouer au Quidditch (ces peintures et ces sculptures sont aujourd'hui exposées au ministère de la Magie de Wellington).

On estime que la pratique du Quidditch en Australie remonte au dix-huitième siècle. L'Australie offre un territoire idéal aux joueurs de Quidditch, grâce aux grandes étendues inhabitées de l'intérieur du pays où l'on peut facilement aménager des terrains.

Les équipes des antipodes ont toujours enthousiasmé le public européen qui apprécie particulièrement leur rapidité et leur sens du spectacle. Parmi les meilleures, citons les **Moutohora Macaws** (Nouvelle-Zélande) dont les robes rouge, jaune et bleu sont aussi célèbres que Flamesh, leur phénix mascotte. Les **Thundelarra Thunderers** et les **Woollongong Warriors** ont dominé la Ligue australienne pendant près d'un siècle. Leur inimitié est légendaire dans la communauté magique d'Australie, au point qu'il est fréquent d'entendre répondre à une vantardise ou à une affirmation peu vraisemblable : « C'est ça, et moi je vais être volontaire pour arbitrer le prochain match entre les Thunderers et les Warriors. »

Afrique

Le balai volant fut sans doute introduit sur le continent africain par des sorciers européens qui s'y étaient rendus pour y chercher des informations en matière d'alchimie et d'astronomie, deux domaines dans lesquels les sorciers africains ont toujours été en pointe. Bien qu'il n'y soit pas joué aussi largement qu'en Europe, le Quidditch devient de plus en plus populaire sur tout le continent africain.

En Ouganda, notamment, ce sport passionne de plus en plus de monde. L'équipe la plus connue est celle des **Patonga Proudsticks** qui a réussi, à la stupéfaction de la plupart des joueurs de Quidditch, à faire match nul en 1986 face aux Montrose Magpies. Six joueurs des Proudsticks figuraient récemment dans l'équipe nationale d'Ouganda lors de la Coupe du Monde de Quidditch. C'est le plus grand nombre de membres issus d'un seul club qu'on ait jamais vus rassemblés dans une équipe nationale. Parmi les autres équipes africaines bien connues, citons les **Tchamba Charmers** (Togo), des maîtres de la passe arrière, les **Gimbi Giantslayers** (Éthiopie), deux fois vainqueurs de la Coupe d'Afrique, et les **Sumbawanga Sunrays** (Tanzanie), une équipe très populaire dont les loopings en formation ont enchanté les foules du monde entier.

Amérique du Nord

Le Quidditch a atteint le continent nord-américain au début du dix-septième siècle, bien qu'il ne s'y soit répandu que très lentement en raison de la forte hostilité antisorciers qui était malheureusement exportée d'Europe à la même époque. Les extrêmes précautions prises par les sorciers émigrants, dont beaucoup avaient espéré trouver dans le Nouveau Monde une société moins soumise aux préjugés, eurent pour effet de limiter le développement du jeu dans les premiers temps.

Par la suite, cependant, le Canada nous a donné trois des équipes de Quidditch les plus accomplies du monde : les **Moose Jaw Meteorites**, les **Haileybury Hammers** et les **Stonewall Stormers**. Les Météorites ont été menacés de dissolution dans les années soixante-dix en raison de l'habitude qu'ils avaient prise de célébrer leurs victoires en volant au-dessus des villes et villages environnants dans une pluie d'étincelles enflammées jaillies de leurs balais. Aujourd'hui, l'équipe ne sacrifie plus à cette coutume que dans les limites du terrain, offrant ainsi à chaque fin de match une attraction qui fait le bonheur des touristes sorciers.

Si les États-Unis n'ont pas produit autant d'équipes de classe internationale que d'autres nations, c'est que le Quidditch y a subi la concurrence du jeu de balai américain connu sous le nom de Quodpot. Variante du Quidditch, le Quodpot a été inventé par un sorcier du dix-huitième siècle du nom d'Abraham Bondupois qui avait emporté un Souafle en quittant l'Ancien Monde avec l'intention de créer une équipe de Quidditch. L'histoire dit que, au cours du voyage, le Souafle de Bondupois entra par inadvertance en contact avec sa baguette magique, à l'intérieur de sa malle ; lorsque, à son arrivée, il le sortit de ses bagages et commença à le lancer autour de lui pour s'amuser un peu, le Souafle lui explosa à la figure. Bondupois, qui semblait doté d'un solide sens de l'humour, entreprit aussitôt de répéter le phénomène avec des balles en cuir. Toute idée de jouer au Quidditch lui sortit très vite de la tête tandis que ses amis et lui inventaient un nouveau jeu fondé sur les propriétés explosives de la balle rebaptisée «Quod».

Le jeu de Quodpot oppose deux équipes de onze joueurs. On lance le Quod, ou Souafle modifié, d'une équipe à l'autre en essayant de le jeter dans le «pot», placé à l'extrémité du terrain, avant qu'il n'explose. Tout joueur qui se trouve en possession du Quod au moment où celui-ci explose doit quitter le terrain. Une fois que le Quod a été jeté dans le «pot» (un petit chaudron rempli d'un liquide qui empêche son explosion), l'équipe du joueur qui a marqué gagne un point et un nouveau Quod est mis en jeu. Le Quodpot a eu un certain succès en Europe comme sport mineur mais, bien entendu, la grande majorité des sorciers reste fidèle au Quidditch.

Malgré la concurrence qu'exercent les charmes du Quodpot, la popularité du Quidditch augmente sensiblement aux États-Unis. Deux équipes se sont récemment hissées à un niveau international : les **Sweetwater All-Stars** du Texas, qui ont remporté une victoire bien méritée sur les Tapesouafles de Quiberon en 1993, après un match passionnant qui dura cinq jours, et les **Fitchburg Finches**, une équipe du Massachusetts qui a gagné sept fois la Coupe de la Ligue des États-Unis et dont l'Attrapeur, Maximus Brankovitch III, a été le capitaine de l'équipe nationale américaine lors des deux dernières Coupes du Monde.

Amérique latine

Le Quidditch est joué d'un bout à l'autre de l'Amérique latine bien qu'il soit concurrencé, ici comme dans le Nord, par le Quodpot. L'Argentine et le Brésil sont tous deux arrivés en quart de finale de la Coupe du Monde au siècle dernier. À n'en pas douter, l'équipe la plus brillante d'Amérique latine est celle du Pérou, qui devrait être la première du continent sud-américain à remporter la Coupe du Monde dans les dix ans qui viennent. On pense que les sorciers péruviens ont connu pour la première fois le Quidditch par l'intermédiaire de sorciers européens envoyés par la Confédération internationale pour établir un recensement des Dents-de-Vipère (c'est ainsi qu'on appelle les dragons péruviens). Depuis ce temps, le Quidditch est devenu une véritable obsession dans la communauté magique du pays et son équipe la plus célèbre, les **Tarapoto Treeskimmers**, a fait récemment une tournée triomphale en Europe.

Asie

Le Quidditch n'a jamais connu une très grande popularité en Orient. Le balai volant est en effet une rareté dans les pays où le tapis reste le moyen de déplacement préféré des sorciers. Les différents ministères de la Magie dans des pays comme l'Inde, le Pakistan, le Bangladesh, l'Iran et la Mongolie, où le commerce des tapis volants est toujours aussi florissant, considèrent le Quidditch avec une certaine méfiance, bien que ce sport ait quelques adeptes chez les sorciers de la rue.

L'exception à la règle se trouve au Japon où la popularité du Quidditch a connu une croissance régulière au cours du siècle dernier. L'équipe japonaise ayant remporté les plus grands succès est celle des **Toyohashi Tengu**, qui a notamment failli vaincre les Gorodok Gargoyles lors d'un match âprement disputé en 1994. La pratique cérémonielle japonaise qui consiste pour l'équipe perdante à mettre le feu à ses balais est cependant peu appréciée par la Commission de Quidditch de la Confédération internationale des sorciers qui considère qu'il s'agit là de gaspillage injustifié d'un bois d'excellente qualité.

Chapitre 9

Le développement du balai de course

Jusqu'au début du dix-neuvième siècle, le Quidditch s'est joué sur des balais de tous les jours, de qualité variable. Ces balais représentaient un progrès considérable par rapport à leurs ancêtres médiévaux ; l'invention du sortilège de Coussinage par Elliot Smethwyck en 1820 constitua un très grand progrès en permettant de rendre les balais beaucoup plus confortables (voir figure F). Toutefois, les balais du dix-neuvième siècle ne permettaient généralement pas d'atteindre des vitesses très élevées et se révélaient souvent difficiles à contrôler à haute altitude. Ces balais étaient façonnés à la main par des artisans expérimentés mais, tout en présentant d'admirables qualités esthétiques, ils offraient rarement des performances à la hauteur de leur élégance.

Un bon exemple en est donné par l'**Oakshaft 79** (ainsi nommé car le premier exemplaire fut créé en

Le **Moontrimmer** (ou Friselune), créé en 1901 par Gladys Boothby, a représenté un bond en avant dans la construction des balais et, pendant long-temps, ce modèle effilé, au manche de frêne, fut très demandé par les équipes de Quidditch. Le principal avantage du Moontrimmer par rapport aux autres balais était sa capacité à atteindre des hauteurs plus élevées que jamais (et de rester contrôlable à de tel-les altitudes). Gladys Boothby ne fut pas en mesure de produire son balai en quantité suffisante pour satisfaire tous les joueurs de Quidditch qui en récla-maient. L'apparition d'un nouveau balai, le **Silver Arrow** (ou Flèche d'Argent), fut alors bienvenue ; ce modèle, véritable précurseur du balai de course, atteignait des vitesses très supérieures à celle du Moontrimmer ou de l'Oakshaft (jusqu'à cent dix kilomètres à l'heure par vent arrière) mais, là encore, il s'agissait d'une production artisanale assurée par un seul sorcier (Leonard Jewkes) et la demande dépassa rapidement l'offre.

La grande avancée eut lieu en 1926, lorsque les frères Bob, Bill et Barnaby Ollerton fondèrent la Compagnie des Balais Brossdur. Leur premier modèle, appelé le **Cleansweep 1**, ou le Brossdur 1, fut produit en des quantités jamais vues auparavant et présenté sur le marché comme un balai de course **spécialement conçu pour un usage sportif**. Doté d'un rayon de braquage inconnu jusqu'alors, le Brossdur eut aussitôt un succès considérable et, en l'espace d'une année, tous les joueurs de Quidditch du pays en furent équipés.

Mais la situation de monopole des frères Ollerton sur le marché du balai de course ne dura guère. En 1929, une deuxième société fut fondée par Randolph Keitch et Basil Horton, qui jouaient tous deux dans l'équipe des Falmouth Falcons. Le premier balai produit par la Compagnie de la Comète fut le **Comet 140**, ce chiffre correspondant au nombre de modèles que Keitch et Horton avaient testés avant d'en lancer la commercialisation. Le sortilège de Freinage breveté sous le nom de Horton-Keitch signifiait que, désormais, les joueurs de Quidditch risquaient beaucoup moins de dépasser les buts ou d'être hors jeu, et le Comète devint alors le balai de référence pour de nombreuses équipes britanniques et irlandaises.

Tandis que la rivalité Brossdur-Comète s'intensifiait – marquée notamment par la sortie des nouveaux modèles Brossdur 2 et 3, respectivement en 1934 et 1937, et celle du Comète 180 en 1938 –, d'autres fabricants de balais firent leur apparition dans toute l'Europe.

Le **Tinderblast** (Feuopoudre) fut lancé sur le marché en 1940. Produit par la Compagnie Ellerby et Spudmore, le Tinderblast est un balai hautement résistant, bien qu'il n'ait jamais atteint la vitesse des Comète et des Brossdur. En 1952, Ellerby et Spudmore créèrent un nouveau modèle, le **Swiftstick** (Manchevif). Plus rapide que le Tinderblast, le Swiftstick a cependant tendance à perdre de la puissance en montée et n'a jamais été utilisé par les équipes professionnelles de Quidditch.

En 1955, la Compagnie des Balais Universels produisit l'**Étoile filante**, le balai de course le moins cher du marché. Malheureusement, après avoir connu un succès immédiat, l'Étoile filante montra quelques faiblesses : avec le temps, ce modèle avait en effet tendance à perdre de la vitesse et de l'altitude et la Compagnie des Balais Universels ferma ses portes en 1978.

En 1967, le monde du balai fut galvanisé par l'apparition de la Société des Balais de Course Nimbus. Jamais on n'avait vu un modèle semblable au **Nimbus 1000**. Atteignant une vitesse qui pouvait aller jusqu'à cent soixante kilomètres à l'heure, capable de faire un tour complet sur lui-même en plein vol, le Nimbus alliait la robustesse du vieil Oak 79 à la maniabilité des meilleurs Brossdur. Il devint aussitôt le balai préféré des équipes professionnelles de Quidditch dans toute l'Europe et les modèles suivants (1001, 1500 et 1700) ont valu à la Société des Balais de Course Nimbus de demeurer au premier rang.

Selon Flyte et Barker, ses fabricants, le **Twigger 90**, produit pour la première fois en 1990, devait remplacer le Nimbus comme leader du marché. Mais bien qu'il bénéficie d'une finition de haute qualité et de nouveaux gadgets, tels un Sifflet d'Alarme et un Correcteur de Trajectoire intégré dans la brosse, le Twigger a tendance à subir des torsions lorsqu'il vole à des vitesses élevées et il a acquis la peu flatteuse réputation d'avoir pour adeptes des sorciers mieux pourvus en Gallions qu'en bon sens.

Chapitre 10

Le Quidditch aujourd'hui

De nos jours, le Quidditch continue d'enthousiasmer jusqu'à l'obsession ses nombreux adeptes du monde entier. Quiconque achète un billet d'entrée à un match de Quidditch est assuré d'assister à une rencontre de grande qualité entre des joueurs d'exception (à moins bien sûr que le Vif d'or soit attrapé dans les cinq premières minutes du match, auquel cas le spectateur se sent quelque peu frustré). Rien ne saurait mieux le démontrer que la description des figures complexes mises au point au cours des siècles par des sorcières et des sorciers soucieux de pousser leurs exploits toujours plus loin. Voici quelques-unes de ces figures.

Attaque en faucon

Les Poursuiveurs sont disposés en triangle comme la pointe d'une flèche et volent ensemble vers les buts. Cette figure a généralement pour effet d'intimider les joueurs adverses et de les forcer à s'écarter.

Bludger Backbeat

Mouvement par lequel un Batteur frappe un Cognard d'un revers de batte, l'envoyant derrière lui et non pas devant comme il est d'usage. Difficile à réaliser avec précision mais très efficace pour jeter la confusion chez les adversaires.

Dopplebeater Defence

Les deux Batteurs frappent le Cognard en même temps pour lui imprimer un surcroît de puissance. Le Cognard lance alors sur l'équipe adverse une attaque plus vigoureuse.

Double Eight Loop

Figure de défense, le double huit est généralement exécuté par le Gardien contre les penalties tirés par l'équipe adverse. Elle consiste à serpenter à très grande vitesse entre les trois anneaux de but pour repousser le Souafle.

Feinte de Porskoff

Le Poursuiveur qui tient le Souafle vole en chandelle, laissant croire aux Poursuiveurs adverses qu'il essaye de leur échapper pour aller marquer un but, mais il lance alors le Souafle au-dessous de lui, à un équipier qui attendait la manœuvre et n'a plus qu'à le rattraper. Cette figure, qui exige une parfaite coordination des trajectoires, doit son nom à la Poursuiveuse russe Petrova Porskoff.

Feinte de Wronski

L'Attrapeur fonce en piqué, comme s'il venait d'apercevoir le Vif d'or tout en bas, puis, arrivé presque au ras du sol, il remonte soudain en chandelle. Cette figure a pour objectif d'inciter l'Attrapeur de l'équipe adverse à exécuter le même mouvement, mais en s'écrasant à terre faute d'avoir redressé à temps. C'est l'Attrapeur polonais Josef Wronski qui a donné son nom à cette feinte.

Parkin's Pincer

Ainsi nommée en hommage aux fondateurs des Wigtown Wanderers à qui l'on attribue l'invention de cette figure. Deux Poursuiveurs encadrent un Poursuiveur adverse en le serrant au plus près tandis que le troisième Poursuiveur lui fonce dessus tête baissée.

Plumpton Pass

Il s'agit d'un écart de trajectoire apparemment anodin exécuté par l'Attrapeur pour saisir le Vif d'or avec la manche de sa robe. Cette manœuvre doit son nom à Roderick Plumpton, Attrapeur des Tutshill Tornados, qui l'expérimenta en 1921, battant le record de capture du Vif d'or. Bien que certains commentateurs critiques aient affirmé qu'il s'agissait d'un hasard, Plumpton a maintenu jusqu'à sa mort qu'il l'avait fait exprès.

Reverse Pass

Cette figure consiste pour le Poursuiveur à jeter le Souafle par-dessus son épaule à un coéquipier placé derrière lui. Un tel lancer est très difficile à exécuter avec précision.

Sloth Grip Roll

Mouvement d'esquive qui consiste à rouler soudain vers le bas pour éviter un Cognard, en restant suspendu à son balai par les pieds et les mains.

Starfish and Stick

Figure de défense au cours de laquelle le Gardien met son balai en position horizontale et s'y accroche d'une main et d'un pied en tendant l'autre bras et l'autre jambe (voir fig. G). Elle ne doit jamais être tentée en lâchant le balai.

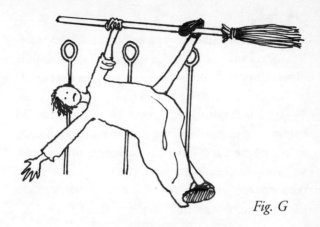

Fig. G

Transylvanian Tackle

Observé pour la première fois lors de la Coupe du Monde de 1473, il s'agit d'un faux coup de poing visant le nez d'un adversaire. Tant que le contact est évité, ce mouvement n'est pas interdit, bien qu'il soit difficile de s'écarter au dernier moment lorsque deux joueurs foncent sur des balais à toute vitesse.

Woollongong Shimmy

Mise au point par l'équipe australienne des Woollongong Warriors, cette trajectoire en zigzag a pour objectif de désarçonner les Poursuiveurs adverses.

Il ne fait aucun doute que le Quidditch s'est totalement transformé depuis le temps où Gertie Keddle observait pour la première fois « ces ânes tout occupés à leur jeu » dans les Marais de Queerditch. Si elle avait vécu aujourd'hui, peut-être aurait-elle été enthousiasmée par la poésie et la puissance du Quidditch. Puisse-t-il évoluer encore longtemps et puissent les futures générations de sorcières et de sorciers prendre toujours le même plaisir au spectacle et à la pratique du plus glorieux des sports !

Glossaire à l'usage
des apprentis sorciers

Le Quidditch est né en Grande-Bretagne et le vocabulaire qui s'y attache est bien entendu anglais. Pendant des siècles, l'usage de ces termes anglais a prévalu sur tous les terrains d'Europe. Cependant, depuis la fondation, en 1635, de l'Académie Française des Sorciers, une commission d'experts présidée par deux éminents académiciens, Boniface Toubeau et Archibald Bienbon, a créé des équivalents français à l'usage des équipes – et des supporters – de notre pays. Nous publions ci-dessous un glossaire anglais-français des principaux termes employés.

LES FAUTES AU QUIDDITCH

Blagging : *Hochequeue*
Blatching : *Boutenchoc*

Blurting : *Croc-en-manche*
Bumphing : *Tranchefoule*
Cobbing : *Coudoyage*
Flacking : *Rembarrage*
Haversacking : *Pognensac*
Quafflepocking : *Pique-souafle*
Snitchnip : *Pincevif*
Stooging : *Tassebut*

LES ÉQUIPES DE QUIDDITCH

Appleby Arrows : *Flèches d'Appleby*
Ballycastle Bats : *Chauves-souris de Ballycastle*
Bigonville Bombers : *Bombardiers de Bigonville*
Braga Broomfleet : *Balais de Braga*
Caerphilly Catapults : *Catapultes de Caerphilly*
Falmouth Falcons : *Faucons de Falmouth*
Fitchburg Finches : *Chardonnerets de Fitchburg*
Gimbi Giantslayers : *Tueurs-de-géants de Gimbi*
Gorodok Gargoyles : *Gargouilles de Gorodok*
Grodzisk Goblins : *Gobelins de Grodzisk*
Haileybury Hammers : *Marteaux de Haileybury*
Heidelberg Harriers : *Busards de Heidelberg*
Holyhead Harpies : *Harpies de Holyhead*
Kenmare Kestrels : *Crécerelles de Kenmare*
Montrose Magpies : *Pies de Montrose*

Moose Jaw Meteorites : *Météorites d'Orignal-la-Mâchoire*

Moutohora Macaws : *Aras de Moutohora*

Patonga Proudsticks : *Fiers-du-manche de Patonga*

Pride of Portree : *Orgueil de Portree*

Puddlemere United : *Club de Flaquemare*

Quiberon Quafflepunchers : *Tapesouafles de Quiberon*

Stonewall Stormers : *Assaillants de Stonewall*

Sumbawanga Sunrays : *Rayons-de-soleil de Sumbawanga*

Tarapoto Treeskimmers : *Rase-cimes de Tarapoto*

Tchamba Charmers : *Enchanteurs de Tchamba*

Thundelarra Thunderers : *Foudroyeurs de Thundelarra*

Tutshill Tornados : *Tornades de Tutshill*

Vratsa Vultures : *Vautours de Vratsa*

Wigtown Wanderers : *Vagabonds de Wigtown*

Wimbourne Wasps : *Frelons de Wimbourne*

Woollongong Warriors : *Guerriers de Woollongong*

LES BALAIS DE COURSE

Les balais cités dans cet ouvrage ne sont pas toujours commercialisés sous le même nom en Grande-Bretagne et en France. Voici les équivalences de marque qui permettront aux lecteurs de s'y retrouver s'ils souhaitent faire l'achat d'un balai.

Cleansweep : *Brossdur*
Comet : *Comète*
Moontrimmer : *Friselune*
Oakshaft 79 : *Lancechêne 79*
Shooting Star : *Étoile filante*
Silver Arrow : *Flèche d'argent*
Swiftstick : *Manchevif*
Tinderblast : *Feuopoudre*
Twigger 90 : *Margotin 90*

LES FIGURES DE QUIDDITCH

Bludger Backbeat : *Revers de Cognard*
Dopplebeater Defence : *Défense en double batte*
Double Eight Loop : *Double huit*
Hawkshead Attacking Formation : *Attaque en faucon*
Parkin's Pincer : *Pince de Parkin*
Plumpton Pass : *Passe de Plumpton*
Porskoff Ploy : *Feinte de Porskoff*
Reverse Pass : *Passe arrière*
Sloth grip Roll : *Roulade du paresseux*
Starfish and Stick : *Étoile de mer*
Transylvanian Tackle : *Tacle transylvanien*

Woollongong Shimmy : *Tremblante de Woollongong*
Wronski Feint : *Feinte de Wronski*

Un dernier conseil : si vous vous rendez prochainement en Grande-Bretagne, n'oubliez pas d'emporter ce glossaire, il pourra peut-être se révéler utile si vous rencontrez quelques sorciers locaux…

TABLE DES MATIÈRES

Préface   7
1. L'évolution du balai volant   11
2. Les anciens jeux de balai   15
3. Le jeu des Marais de Queerditch   20
4. L'apparition du Vif d'or   25
5. Précautions anti-Moldus   31
6. L'évolution du Quidditch depuis le
   quatorzième siècle   34
   Le terrain   34
   Les balles   38
   Les joueurs   42
   Les règles du jeu   47
   Les arbitres   51
7. Les équipes de Quidditch de Grande-Bretagne
   et d'Irlande   53

8. Le développement du Quidditch à travers
le monde   63
9. Le développement du balai de course   74
10. Le Quidditch aujourd'hui   80

Glossaire à l'usage des apprentis sorciers 87

REMERCIEMENTS

Les Éditions Gallimard Jeunesse et Comic Relief remercient tous ceux qui ont généreusement participé à la conception, à la fabrication et à la diffusion de ce livre et renoncé à leurs bénéfices en faveur de Comic Relief :

Richard Horne pour la réalisation de la couverture

Polly Napper pour la conception et la réalisation du logo « Whizz-Hard Books » ;

La société UPM-Kymnene SA pour le papier intérieur ;

La société Iggesund pour le papier de la couverture ;

Le groupe CPI pour sa collaboration ;

La société CARO PLV pour sa contribution à la promotion en librairie ;

La société SIL-Stock Express pour le conditionnement ;

La SODIS pour la distribution ;

Marie Leroy-Lena/M.L.L. Conseils pour les relations avec la presse ;

Les libraires ;

Le traducteur ;

Et, bien sûr, J.K. Rowling qui a écrit ce livre et donné tous ses droits d'auteur à Comic Relief.

Comic Relief a été fondé en 1985 par un groupe de comédiens britanniques afin de collecter des fonds destinés à soutenir des actions en faveur de la justice sociale et contre la pauvreté. Chaque centime que le public donne à Comic Relief est reversé là où il est le plus utile, par l'intermédiaire d'organisations internationalement reconnues, telles que Save the Children et Oxfam. L'argent recueilli dans le monde entier grâce aux ventes de ce livre servira à aider les enfants les plus pauvres des pays les plus défavorisés et à leur assurer de meilleures conditions de vie.

Loi n° 49-956
du 16 juillet 1949
sur les publications
destinées à la jeunesse
ISBN 2-07-054927-5
Numéro d'édition : 04714
Numéro d'impression : 90258
Dépôt légal : août 2001
Imprimé en France
par l'imprimerie Hérissey

Imprimé sur papier UPM Book 60 g fourni
par la société UPM-Kymmene SA pour l'intérieur,
et sur carte Invercote G 200 g
fournie par la société Iggesund pour la couverture.
Avec la collaboration du groupe CPI